# LETTRE

A

## MM. LES PAIRS,

A L'OCCASION DE

## LA CONDAMNATION DE M^{ME} LAFARGE;

PAR MM.

DE LASIAUVE ET BÉNÉDICT GALLET.

PARIS,

CHEZ CHARPENTIER, LIBRAIRE-ÉDITEUR,

PALAIS-ROYAL, GALERIE D'ORLÉANS, N° 7.

*Et au Cercle littéraire de Marin Lange, rue de Bourgogne, 3.*

1841.

# LETTRE

## A

# MM. LES PAIRS,

### A L'OCCASION DE

## LA CONDAMNATION DE M<sup>ME</sup> LAFARGE;

PAR MM.

### DE LASIAUVE ET Bénédict GALLET.

***

## PARIS,

### CHEZ CHARPENTIER, LIBRAIRE-ÉDITEUR,

PALAIS-ROYAL, GALERIE D'ORLÉANS, N° 7.

*Et au Cercle littéraire de Marin Lange, rue de Bourgogne, 3.*

1841.

IMPRIMÉ PAR BÉTHUNE ET PLON.

# A

# MM. LES PAIRS.

Messieurs,

Les graves événements qui se succèdent et s'enchaînent ; l'incendie allumé en Orient et qui menaçait d'embraser le monde ; tous les liens internationaux rompus ; des masses grondantes d'ouvriers parcourant les rues de la capitale, le drapeau de la révolte en tête ; un successeur de Napoléon réclamant pour une seconde fois l'héritage du grand homme ; la société agitée jusque dans ses bases ; toutes ces grandes catastrophes ont passé un moment presque inaperçues à côté du drame qui se jouait entre un procureur du roi et une jeune femme, sur les bancs de la cour d'assises de la Corrèze.

Circonscrit dans la ville de Tulle, point imperceptible perdu au centre des montagnes, ce procès a couvert de ses émotions le bruit de ces immenses déchirements. Cet entraînement général, ces ardentes préoccupations, vous les avez partagés, MM. les Pairs ; vous avez suivi comme nous ces courriers se croisant sur la route de Tulle ; comme nous, vous vous êtes demandé s'il n'y avait pas au fond de tout cela un enseignement d'une portée terrible, quelque chose de grave et de profond.

Sans doute une femme jeune et belle comme madame Lafarge, entourée de tous les prestiges de la naissance et de l'éducation, ne saurait être en butte à une aussi menaçante accusation, sans que le cœur en soit ému, sans que l'imagination en soit frappée. Quel contraste, en effet! Quoi! tout cet esprit, tout ce talent, toutes ces grâces, qui supposent naturellement des qualités plus intimes et plus précieuses, voilent un cœur dépravé et coupable! Cette femme, qui semble née pour la vertu, est propre à toutes les combinaisons du crime! une semblable alliance n'est pas possible. Il y a là un mystère étrange, un mal-entendu, une fatalité.

Et qui pourrait contempler sans amertume une pareille humiliation? Ce n'est plus cette femme du monde enviée, admirée, applaudie, à laquelle s'adressaient tous les regards, tous les compliments, tous les sourires. Voyez-la maintenant sur ce banc, en face de ces juges immobiles, de ce public haletant et curieux! Qui la reconnaîtrait à ces traits ravagés, à ce front pâle, à cette voix faible et mourante? Et pour sa pensée, quelle torture! Jetée en spectacle à la foule; flétrie dans son passé, dans son présent, dans son avenir; insultée, frappée au visage par le ministère public; maudite peut-être par une famille, dont elle était l'orgueil, dont elle est devenue la honte; cette femme n'est-elle pas morte mille fois avant d'atteindre cette sellette sur laquelle la loi la force à s'asseoir, dans les douloureuses épreuves qui ont précédé le grand jour de l'apparition?

Certes, il y a dans cette situation une source d'émotions poignantes; mais qu'elle est loin de suffire pour expliquer l'anxiété universelle qu'a provoquée cet étonnant procès! Tous les jours le public assiste à des scènes aussi dramatiques, où les intérêts les plus directs sont mis en jeu, et il reste froid et indifférent. D'où vient donc cette immense, cette inexplicable agitation? Des particularités mêmes de l'attentat, si l'attentat a été accompli : « Beaucoup, dit un éloquent publiciste moderne (1), ont cru se passionner pour une femme, qui éprouvaient au fond du cœur des sentiments confus qui, plus tard, se transformeront en idées et trouveront leur formule. C'est qu'en réalité, il s'agit de l'affaire de tous. » Oui, cela est vrai. Ce n'est point là un de ces crimes ordinaires que la société punit de l'horreur qu'il lui cause par les malédictions dont elle le poursuit. On a beau se dire qu'il est tramé avec un profond machiavélisme, consommé avec une lente cruauté ; une compassion involontaire intéresse au misérable que va frapper la justice. Et cet instinct n'est pas trompeur, car la volonté seule rend nos actions criminelles. L'assassin qui m'attend dans l'ombre pour m'arracher la bourse avec la vie, a certes la conscience de son dessein et l'envie de l'accomplir. Quand pour hériter d'un père, d'un parent ; quand pour dépouiller un de vos semblables, vous levez sur lui un bras homicide, la cupidité ne saurait vous servir d'excuse ou d'égide ; car vous ajoutez le crime à un désir coupable ; vous êtes sans pitié, sans miséricorde : la société ne peut avoir pour vous que de l'horreur. Qui ne maudit Éliçabide ?

Mais qu'ici nous sommes loin de ces conditions ! Le crime n'était pas dans la pensée ou pouvait du moins ne pas y être. Les circonstances seules l'ont provoqué. En la frappant, l'assassin plaignait sa victime. Il agissait malgré lui, pour ainsi dire ; car il se sentait mourir dans une atmosphère qui suffoque et qui étouffe.

Ces réflexions, sur lesquelles tout le monde ne saurait jeter un regard philosophique, il est impossible de ne pas les faire. Chacun sent instinctivement qu'ici le meurtrier a obéi à un entraînement fatal, et la main sur le cœur on s'interroge avec bonne foi, on se demande avec terreur : « Dans une telle situation, qu'aurai-je fait moi-même ? ne puis-je pas lier aussi mon sort à un être pervers, qui mette dans ma

_______________

(1) M. Louis Blanc.

vie toutes les douleurs et me conduise au crime en dépit de ma volonté? Quand la passion m'étreint, suis-je le maître de mes désirs? Quand la colère m'emporte, sais-je où s'arrêteront ses excès? N'ai-je pas déjà senti gronder en moi de telles tempêtes, et crié au ciel dans mon désespoir : « Ayez pitié de ma faiblesse! » Qui sait, hélas! si mon tour ne viendra pas de figurer sur cette sellette, en face de ce Christ et de ces juges? »

Et pour les parents, pour les amis, qui chaque jour interviennent dans des discordes intestines, qui cent fois déjà peut-être ont conjuré des haines prêtes à s'enflammer, des menaces prêtes à s'accomplir, quelle source intarissable de poignantes pensées, de terribles craintes!

Oui, messieurs, voilà le motif de l'agitation soulevée par le procès Lafarge; de cette contradiction entre le raisonnement qui accablait le coupable et le sentiment intérieur qui semblait l'absoudre par une bienveillance inexpliquée. Tel est le secret, en un mot, de ces grandes préoccupations publiques qui paraissent incompatibles avec une affaire purement individuelle. Dans une telle occurrence, si la jeunesse, les grâces, l'esprit, le mérite de l'accusée sont remarquables; si la considération qui s'attache à sa famille est puissante, tout cela est plutôt l'occasion que la cause de l'intérêt qu'elle excite.

Loin de nous de vouloir, par ces considérations, diminuer l'horreur qu'inspirent de tels forfaits; loin de nous surtout, dans la position où se trouve madame Lafarge, de chercher à accroître les angoisses d'une condamnation si accablante; un voile difficilement pénétrable a recouvert les mystères de ce procès, et l'arrêt consciencieux du jury, que vient de sanctionner la décision récente de la cour de cassation, n'a pas dissipé pour tout le monde ces tristes obscurités. Mais que Marie Capelle soit innocente ou coupable, le drame où s'est agitée sa destinée n'en appelle pas moins la méditation; car ce drame a dévoilé une des plaies vives de la civilisation moderne. En effet, ouvrez les recueils des tribunaux ; étudiez les faits qui se passent sous vos yeux , et vous frémirez du nombre d'infortunés que leur position seule a rendus coupables ! Placés dans un milieu différent , nul doute qu'eussent cessé avec le principe qui les faisait naître, et les pensées fatales qui les ont assaillis , et les meurtres que ces pensées ont inspirés. Qui sait même si ces âmes souillées, qui ont obtenu l'illustration du crime, n'auraient pas acquis celle de la vertu ?

Pour apprécier sainement les actions des hommes , on ne doit pas les séparer des causes occasionnelles qui les produisent. Or, dans quel cas cette vérité est-elle le plus applicable ? N'est-ce pas surtout dans la périlleuse loterie du mariage ? Que de raisons peuvent s'unir, en effet , pour rendre ce lien insupportable ! Incompatibilité dans les caractères, les idées , les sentiments ; inconduite de la femme , tyrannie de l'époux ! Il faut, direz-vous, subir la nécessité, se supporter l'un l'autre, soumettre ses penchants ! Très-bien ! mais une telle victoire est rarement possible. Tout en la maudissant, le joueur est entraîné par sa passion dans le gouffre où vont s'engloutir sa fortune et son honneur ; l'ivrogne se promet d'être sobre , mais il laisse bientôt dans l'ivresse sa parole et sa raison ; le libertin se rue sans frein dans des voluptés dangereuses malgré son intérêt et sa volonté. Assurément la contrainte du lien conjugal a ses avantages. Chacun des époux , placé dans la dépendance de l'autre, et surtout dans celle de l'opinion , est obligé à des concessions. Mais croire que ces concessions sont sans limites ; qu'elles ne sont subordonnées ni à l'ardeur du caractère , ni à l'intempérance des désirs , ni à la puissance de l'égoïsme, c'est se faire d'étranges illusions sur l'humanité. Et voyez ! une âme ardente et chaste a besoin de douces paroles et d'épanchements. Elle cherche dans les bras de son époux des plaisirs permis, et n'y trouve que l'indifférence. Bien plus ; triste victime de ses violences, de ses trahisons conjugales, elle voit donner à d'autres des caresses qu'on lui dérobe ! Interdirez-vous la plainte à l'opprimée ? Empêcherez-vous qu'elle ne maudisse le mariage ? Un autre a des goûts impérieux que lui a créés l'habitude et l'éducation ; et voici qu'il lui faut renoncer à l'opulence, aux joies sociales pour tomber dans l'isolement, la gêne et l'obscurité. Étonnez-vous que le chagrin flétrisse ses journées ; qu'elle déteste une vie sans jouissances, sans éclat, sans poésie ! Et ici les exemples se multiplient. Cette femme a cru rencontrer dans l'objet de ses préférences un être digne d'elle : eh bien ! cet homme n'est que vices et bassesses. Son approche la révolte, car il la souille ; son amour l'indigne ; ses caresses lui donnent des convulsions, des accès de folie, et vous lui demandez d'être muette et résignée. Quelle dérision !

Mais à quels funestes entraînements ne doit pas être exposée cette âme ainsi torturée et souffrante ? Saura-t-elle résister à l'ennui, aux regrets, aux blessures qui la déchirent ? La patience, hélas ! n'est pas la vertu de l'homme. Ignore-t-on avec quelle ardeur il cherche à venger une injure, alors même que tant de motifs lui prescriraient la tolérance et le pardon ? Sera-t-il plus indulgent pour son ennemi domestique ? Oh ! non ; car tout se réunit dans ce cas pour accroître ses douleurs, pour aigrir ses ressentiments. Vainement l'infortuné se débat sous la destinée qui l'accable ; le fatal *toujours* des damnés retentit à ses oreilles : ses genoux fléchissent, ses joues se creusent ; sa figure abattue trahit l'affaissement auquel il succombe ; sa bouche n'a plus de sourires, car son cœur n'a plus d'espérances. Parfois, les violentes secousses des passions qu'il a combattues viennent assombrir encore ce tableau déjà si lugubre. Tantôt mieux inspiré par le sentiment de ses devoirs, il s'arme de courage et de philosophie. Cette pensée généreuse semble, en l'ennoblissant, le consoler. Une minute de calme brille pour lui comme le soleil dans un orage ; mais elle laisse

bientôt place au désespoir et aux tempêtes. La vie naguère lui semblait sans durée; elle lui apparaît maintenant sans limites. La mort,
il l'invoque, il la désire, il est tenté de la provoquer. Voyez comme
cette marche est lente, terrible et sûre! Des larmes d'abord, une
résignation passive; après la résignation la révolte; au-delà le suicide
ou le meurtre. Le suicide! c'est la première idée à laquelle il s'arrête,
qu'il médite, qu'il agite sous toutes ses formes. Et pourquoi conti-
nuerait-il à vivre? quelles jouissances a-t-il goûtées? quel est son
sort? quel sera son avenir? Sans cesse sa pensée lui représente les
scènes douloureuses, les nuits sans sommeil, les inutiles combats qui
l'ont accablé. « Mourons, dit-il, il est un terme pour la souffrance,
comme il en est un pour la vie! » Voilà le langage impie qu'il puise
dans sa douleur. Un instant la nature recule; l'image d'un père,
d'une famille, d'enfants désolés; d'un nom méprisé; d'une tombe
maudite; de Dieu — ce dernier, cet inévitable châtiment — le retient
et l'effraie. Mais là, toujours là est l'être injuste et haï qui lui fait
détester l'existence. Peu à peu la blessure s'envenime et s'élargit; la
dernière lueur de raison s'éteint..... ta main va frapper, mais elle
s'arrête : l'instinct de la conservation vient de revivre... Ah! malheureux, suis le penchant qui t'entraînait, commets un crime pour
échapper à un plus grand crime!... Mais non... Déjà l'espoir s'est
glissé dans ton cœur... L'image d'un bonheur à venir, d'une union
plus fortunée se place à travers tes larmes. Plutôt la mort que les
hontes de l'adultère, que les douleurs sans fin du mariage! Tel a été
le premier cri de ta conscience; mais quand dans le silence d'une
réflexion coupable se présente la possibilité d'échapper à la douleur
et à l'infamie; que l'esprit, aveuglé par la passion, juge les avantages
d'un assassinat, sans calculer son horreur et ses suites; on se rassure,
on s'enhardit, on se résout pour être heureux à devenir criminel! La
folie, une véritable folie commence... et sans doute le coupable de-

vait rentrer plutôt dans la compétence de la science que dans celle de la justice... Le meurtre, la délivrance, c'est son idée fixe, constante, inébranlable : tout l'y porte, tout l'y conduit ; chaque jour, chaque heure, chaque instant : l'espérance voile le précipice. Tu vas, tu avances, tu recules, tu hésites, tu avances encore. Un fatal génie te pousse ; plus tu marches, plus la rapidité est grande : le pied sur le gouffre tu en sondes une dernière fois la profondeur... tu y tombes... Le drame est fini ! LA JUSTICE VIENT APRÈS AVEC UN ÉCHAFAUD, OU LE REMORDS AVEC SES SUPPLICES !

Hélas ! c'est là un tableau terrible et vrai ; vrai pour le mari comme pour l'épouse ! Telle est la filiation fatale des douloureuses tragédies qui ne se jouent que trop souvent dans l'intérieur des familles. Ces crimes se retrouvent dans tous les rangs, dans toutes les conditions ; ni l'or, ni l'éducation, ni les titres n'en exemptent les classes élevées. Et vous-mêmes, MM. les Pairs, en suivant les scènes palpitantes de l'épisode du Glandier, n'avez-vous pas jeté un regard anxieux autour de vous ? ne vous êtes-vous point sentis remués par l'effroi, en pensant que peut-être cet hymen qui vient de s'accomplir ou qui se prépare réservait à vos fils et à vos filles les mystérieuses tortures d'un empoisonnement ? N'avez-vous pas dû songer à briser cette épée de Damoclès suspendue sur la société tout entière ?

« La loi, direz-vous, punit sévèrement ces crimes ; elle répand une terreur salutaire ; cela suffit. » Eh quoi ! s'il y a des criminels, n'y a-t-il pas aussi des victimes ? Au lieu de tuer le coupable, s'il était possible d'arrêter sa main ! car le temps n'est plus où l'habitude avait endurci les cœurs contre les châtiments qu'infligeait la justice humaine. Toute condamnation est accueillie avec tristesse, et la tête qui roule sur l'échafaud est considérée à juste titre comme une accusation contre la société qui la fait tomber.

Il vous appartiendrait, Messieurs, d'accomplir cette grande tâche, et sans doute vous l'auriez entreprise déjà, si vous n'aviez pensé que le mal étant inhérent à notre organisation, la loi était radicalement impuissante à le réprimer. Certes, on n'extirpera jamais les vices et les fléaux qui désolent le monde. L'humanité, nous le savons, a ses faiblesses inévitables ; mais, quoique l'homme soit fini en toutes choses, il n'est point condamné cependant à une immobilité fatale. Chaque époque a ses besoins de réforme ; chaque siècle amène son progrès. D'ailleurs, n'est-il pas essentiel de distinguer les imperfections que l'homme tient de sa nature et celles dont il est redevable à la société ? Car, si les coutumes, les préjugés et les lois elles-mêmes allument le feu des passions, ne peut-on pas conjurer le danger en modifiant les uns, en changeant les autres ?

Ces vérités trouvent ici leur application. En effet, la source des forfaits que nous déplorons est moins dans la corruption du cœur que dans les rigueurs d'une contrainte illégitime, tranchons le mot, dans l'indissolubilité du mariage. La loi qui sanctionne un tel abus partage les fautes des malheureux qu'elle condamne ; elle aggrave les souffrances des ménages en leur donnant par un caractère de perpétuité la fatalité du destin lui-même. Mais on objectera peut-être que la sagesse du législateur a prévu ces inconvénients ; il a compris combien dans certains cas il serait inhumain et dangereux de rendre obligatoire la cohabitation conjugale. Un refuge est offert à l'hymen contre les tentations du désespoir : la séparation n'assure-t-elle pas à la faiblesse un appui, à la victime une protection, de la condescendance au malheur ? Fort bien, on verra tout à l'heure ce que vaut cette loi. Il nous suffit quant à présent de constater l'aveu qui ressort de cet argument, à savoir que l'éloignement des époux devient nécessaire quand la vie commune est insupportable. Donc toute la question est de déterminer le mode qu'il convient de choisir pour rendre cet éloignement profitable et sans danger. Ce serait ici l'occasion sans doute de rappeler les moyens mis successivement en pratique pour rompre le lien conjugal, s'ils ne se résumaient pour nous en ces deux-ci : *séparation, divorce.* Dans l'un les époux vivent éloignés sans cesser d'être unis ; l'autre les rend à leur liberté première ; or lequel est préférable ?

Cette grande question a soulevé vainement de brûlantes discussions chez tous les peuples, dans toutes les législations, et particulièrement dans les pays où la famille est le pivot de l'État. Les théologiens n'ont pas mis dans leurs opinions plus d'unanimité que les philosophes. Et cela tient, sans doute, à ce qu'on a regardé généralement la rupture du mariage comme un *mal absolu.* On n'a pas songé que ce qui est un mal en soi peut devenir un bien, selon les circonstances, et souvent même une nécessité.

Faire une concession à regret, en neutraliser les résultats par la multiplicité des obstacles, tel fut l'unique but de ceux qui décrétèrent l'indissolubilité. C'est sous l'influence de cette pensée que les auteurs des lois coërcitives ont quêté partout des raisons à l'appui de leur système, s'inquiétant moins de leur valeur que de leur effet. C'est ainsi qu'invoquant les coutumes antiques et modernes, intéressant à leur cause la morale, la religion, la politique, ils ont égaré l'opinion. La société trompée en est venue à approuver des lois et des préjugés qu'elle repousse toutes les fois qu'il s'agit d'en faire la rigoureuse application ; car elle fait alors une distinction involontaire entre la faiblesse et le crime. Les actes immoraux qui ne sont nuisibles qu'à celui qui les commet, elle ne les place pas sur la même ligne que ceux préjudiciables aux droits d'autrui. Elle ne confond pas dans une même réprobation les infortunés qui succombent aux séductions d'une vo-

lupté illicite et les misérables qui font un métier du vol et de l'assassinat. Elle sent que, pour ces deux genres de coupables, il doit exister
deux justices : pour les premiers, celle toute morale de l'opinion ;
pour les seconds, celle toute matérielle de la loi. Chaque infraction à
cette règle revêt un caractère de violence qui blesse son équité, et,
tandis qu'elle flagelle de ses mépris la femme adultère, elle poursuit
de ses sarcasmes le mari déhonté qui demande inutilement aux tribunaux la restitution de son honneur.

Il était bon de signaler d'abord cette erreur de principe qui a do-
miné toute la question ; nous allons entrer maintenant plus directement en matière, sans toutefois nous étendre dans de trop vastes
limites. Examiner les lois et les usages des différents peuples serait,
à notre avis, un travail stérile et sans portée. Les mœurs d'un pays
ne ressemblent point à celles d'un autre, et l'on s'expose, en les assi-
milant, à attribuer à des causes qui ne les ont pas produites, des effets qui en reconnaissent de multiples. Nous n'invoquerons également
qu'avec réserve le nom d'autorités d'ailleurs fort respectables. Car,
outre qu'il faut distinguer entre ces autorités, entre les hommes d'i-
magination et les hommes d'observation, entre les écrivains et les
philosophes ; si nous avons lu attentivement les Montaigne, les Mon-
tesquieu, les Rousseau, les Voltaire, les Mirabeau, les Bonald, les
Châteaubriant, etc., qui tous ont agité cette grande question ; avant tout,
nous avons voulu puiser nos arguments dans la nature ; nous n'avons
consulté les adversaires et les partisans du divorce qu'afin de rectifier
nos jugements et d'éclairer nos propres observations.

Exposons d'abord séparément les effets produits par la séparation
et par le divorce : nous discuterons ensuite les raisons qui ont motivé
le rejet de l'un et l'adoption de l'autre. Ces effets sont tout à la fois

relatifs aux individus eux-mêmes, aux enfants, aux familles, à la société.

Quelle destinée la séparation fait-elle aux individus? La plus déplorable assurément. Car si l'isolement doit leur paraître une privation
légère en comparaison des souffrances du mariage, que de motifs font
de cette situation quelque chose d'intolérable! Une honte inévitable,
une sorte de réprobation s'attache à leur personne; le bonheur des
autres les afflige et les importune, en leur rappelant qu'ils auraient pu le
partager. Ils ne trouvent dans la société qui les repousse aucune compensation à leur infortune, et il leur faut contempler la douleur de leur
famille dont ils sont la cause et l'objet. Sans espoir d'une union plus
fortunée, forcés de repousser en eux-mêmes le besoin de se reproduire,
livrés à tous les entraînements du vice, ils végètent dans la tristesse
ou se dégradent dans la débauche. Leur ressentiment ne s'éteint qu'a-
vec la vie de l'être qui s'oppose à leur tranquillité. Un désir coupable,
une pensée de mort, voilà le ver rongeur qui les déchire!

Quant aux enfants, privés des soins qu'ils réclament, spectateurs
des chagrins et des désordres de leurs parents, marqués au front pour
ainsi dire, ils s'entendent reprocher sans cesse le malheur de leur
naissance. Trop heureux encore quand ceux-ci, devenus barbares,
ne poursuivent point dans les fruits d'un amour funeste la vengeance
qu'ils voudraient exercer contre un époux tyrannique, contre une
femme infidèle. Et cependant, il faut le dire, cette position équivoque
et douloureuse n'existe que pendant la minorité. Les années s'accu-
mulent; les enfants deviennent libres, et l'existence de leur famille
n'agit plus sur la leur que très-imperceptiblement.

Mais, pour les parents, quel sujet d'affliction non passager, mais
permanent! Le plus cher objet de leur amour, qui leur a coûté tant
de veilles, de privations et de tourments, qu'ils regardaient comme

une consolation, comme un appui peut-être pour leurs vieux jours, réduit à vivre dans l'opprobre! Un nom flétri, des larmes et d'éternels regrets, c'est là ce qu'ils gagnent à une séparation! Voyez-les, s'exilant d'un monde dont ils aimaient les fêtes, dont ils recherchaient la considération, ne trouvant plus qu'une ironique pitié, là où ils obtenaient la déférence et le respect. Ce n'est pas tout. Il faut recommencer des sacrifices qu'ils croyaient à jamais terminés. Cette fille tant aimée, l'abandonneront-ils aujourd'hui que le bouclier conjugal ne la couvre plus? Ces malheureux enfants, les délaisseront-ils maintenant que les voilà pauvres et sans avenir! Non pas. Ils jetteront plutôt leur dernier écu dans cet abîme, et la douleur les conduira un peu plus vite à la tombe. Demandez-leur, à eux qui comprennent mieux que vous sans doute un intérêt qui les touche davantage, demandez-leur ce qu'ils pensent de cet insuffisant palliatif, de cet impuissant remède qu'on oppose aux maux du mariage, et vous verrez!

Est-il besoin d'indiquer ce qu'à son tour la société doit perdre à la séparation? N'est-ce rien que ce tableau douloureux d'un ménage désuni, d'enfants à demi orphelins, de deux familles en dissentiment? Et qui sait? ces familles composaient peut-être à elles seules une commune, un village, un pays presque tout entier : alors au scandale se joint la discorde. Chacun, selon ses sentiments, ses préférences, ses liens d'amitié ou de parenté, prend parti pour le mari ou pour l'épouse. Que de troubles, de querelles, d'oppositions ardentes, de brûlantes personnalités un tel état ne doit-il pas entraîner! Que de tristesse il répand dans les relations sociales! Et combien un si mauvais exemple ne peut-il pas devenir dangereux?

Tels sont les effets de la séparation : sont-ils les mêmes pour le divorce? Examinons.

En rendant aux époux leur indépendance, le divorce leur permet de contracter une nouvelle alliance et de retrouver au sein d'une nouvelle famille la paix et le bonheur qu'ils ne connaissaient plus. Les besoins du cœur légitimement satisfaits les préservent des enivrements d'une volupté coupable, et souvent une conduite irréprochable leur fait reconquérir dans la société la place qu'ils avaient perdue. Censés à l'état de viduité, une fois leurs droits réglés, ils en reprennent toutes les conditions. Si leur premier mariage a été stérile, ils sont exactement comme s'ils avaient toujours été libres. Dans le cas contraire, les enfants du premier lit pourront rencontrer dans leurs nouveaux parents d'utiles tuteurs ; dans les produits de ces unions avouées, des frères légitimes, pleins d'affection et de sollicitude. Au lieu d'être abandonnés, livrés au vagabondage, leur éducation sera fortifiée par de bons exemples. Ils auront des soutiens de leur intérêt, soit dans la gestion de leurs biens, soit dans le choix d'une profession, soit dans l'acte si essentiel du mariage.

Et pour les parents, pour la société, quelle énorme différence !

Le divorce est assurément une résolution fort grave ; mais si l'existence n'a pas de plus déplorable vicissitude, ce n'est point la perte d'une vie entière. Car s'il provoque, comme la séparation, le scandale d'une rupture, ce scandale, que la séparation perpétue, n'est ici que passager. Le temps efface bientôt les traces d'un passé funeste.

Deux époux, par leur désunion, étaient une cause d'effroi pour leurs amis, de désespoir pour leurs familles. D'indignes procédés, d'odieuses paroles étaient échangés sans cesse entre eux. La haine présidait à leurs repas et les suivait dans leur couche. Tristes confidents de ces discordes, leurs parents s'efforçaient de les apaiser ; mais leur voix n'était pas entendue. Eh bien ! à cette position terrible pour la famille, la séparation, qui n'est, à vrai dire, qu'un échange de situations malheureuses, eût fait succéder un état plus supportable, mais également affreux. Avec le divorce, tous ces inconvénients disparaissent. Les parents peuvent trouver dans de nouveaux choix l'appui, les soins, la tendresse, la piété filiale, juste rémunération de leurs sacrifices. Leur tâche est finie; car enfants et petits-enfants échappent à l'abandon et à la misère. Plus d'inquiétude pour leur avenir, de craintes pour leur réputation, de défiance sur leur conduite, de larmes sur leur malheur! Et le public, que n'y gagne-t-il pas? Cette image fatigante d'une infortune immuable; ce besoin de compassion qu'il ressent pour l'époux outragé; ce sentiment de haine dont il poursuit l'époux coupable; ces collisions de deux familles qu'il contemple avec tristesse, tout cela cesse avec le divorce. La sérénité revient siéger dans les réunions et dans les fêtes, et la société n'a plus à gémir du spectacle trop souvent contagieux des animosités conjugales.

Pourquoi donc, direz-vous, si l'utilité du divorce est si évidente, l'a-t-on proscrit de nos codes? comment la séparation a-t-elle prévalu? et quelles puissantes raisons ont déterminé son adoption?

Les objections, plus spécieuses que solides, qu'on a émises en sa faveur, appartiennent à deux ordres bien distincts. Elles n'ont pas la même portée, quoiqu'elles semblent tendre au même but. Les unes s'appuient sur des opinions théologiques, les autres sur des nécessités sociales. Or, si les croyances religieuses sont respectables, la loi humaine, cependant, ne doit pas toujours les consacrer dans son application; car elles n'obligent, en général, que la conscience de l'individu. La religion défend l'usage des viandes durant certains jours; elle prescrit la confession, l'observation du dimanche, etc. Faut-il que la société punisse ceux qui transgressent ces règlements? Fera-t-on d'un acte de foi un devoir civil; d'une prescription religieuse une contrainte légale? Érigera-t-on en loi ces dogmes de l'Église? Oubliera-t-on quel genre de réactions ces violences morales ont provoquées, quelles pages sanglantes elles ont ajoutées à notre histoire et à celle du monde ?

Il est incontestable dès lors que, pour régler une si importante matière, on a moins cherché de part et d'autre à établir la dissolution du mariage sur les bases d'une observation précise qu'à faire prévaloir une opinion quelconque ; ce qui a nécessité des motifs plutôt que des preuves. La diversité des avis, la variation des coutumes, des usages, des préjugés dans les différentes sectes et chez les différents peuples, indiquent qu'il y eut toujours dans cette question quelque chose de vague et d'indéterminé. On ne dispute point sur les vérités mathématiques. En cet état d'incertitude, le mieux à faire, sans doute, est de s'en rapporter aux principes généraux de l'équité, modifiés selon les mœurs, les besoins, les institutions.

Quoi qu'il en soit, les arguments dont la religion s'est servie pour défendre la perpétuité du lien conjugal sont exclusivement fondés sur cette définition : « Le mariage est une institution divine. Jésus-Christ l'a élevé au rang de sacrement. Donc il est indissoluble. » Cette conclusion a été fortement controversée par le clergé dissident, et même par plusieurs membres influents de l'Église catholique. Mais une fois admis comme dogme, le principe de l'indissolubilité dut entrer bientôt dans les lois. On tortura les textes où il est dit, à propos de l'union conjugale : « *Quod Deus conjunxit, homo non separet. — Quiconque épouse la femme adultère est un adultère. — La femme quittera son père et sa mère pour s'attacher à son mari. — Ils seront deux dans une même chair. — Maris, aimez vos femmes ; femmes, soyez soumises à vos maris.* »

Pour trouver une base à l'indissolubilité dans ces passages isolés, force fut de multiplier les commentaires. Or, ces interprétations eurent lieu à des époques où la raison, tributaire de la foi, n'avait d'autre code que l'Évangile. Chaque loi découlait de cette source. On voyait tout dans les Écritures, et, s'attachant à la lettre, on en méconnaissait l'intention. On se plut à dénaturer la mission du Christ ; on refusa de comprendre que, si sa volonté eût été de faire une loi de l'indissolubilité, il l'aurait formulée d'une manière précise ; que, s'il ne l'a point fait, c'est qu'il ne l'a pas voulu, qu'il ne devait pas le vouloir ! Sa tâche était différente. Jésus-Christ ne s'est point adressé au monde matériel, mais au monde moral ; ce ne sont pas des lois qu'il a faites, mais des *préceptes* qu'il a tracés. Tel est le sens naturel des citations plus haut invoquées. L'amour conjugal était, à ses yeux, la plus parfaite expression de la félicité humaine. Quoi de comparable à l'harmonie de deux cœurs qui s'aiment ! Que d'inépuisables ivresses dans cette confiance réciproque, ces soins affectueux, ces tendres sollicitudes qui, chaque jour, resserrent des nœuds fortunés ! Que peut offrir le paradis qu'une telle destinée ne réalise ! Attribuer à cet amour une essence divine, *quod Deus conjunxit*, c'était en faire sentir le besoin, en relever la grandeur. Aussi le Christ a-t-il ajouté : *Homo non separet :* Que personne ne se place en travers de ce bonheur ; qu'aucun souffle impur du dehors n'altère ces douceurs ineffables. Ces paroles, qu'on ne s'y trompe pas, sont loin de consacrer la perpétuité du mariage. Car lorsque ces *deux chairs*, qui doivent n'en faire qu'une, ont été violemment séparées ; que l'affection, prescrite aux maris, a fait place à l'oppression et à la haine ; que l'obéissance des femmes s'est changée en désordre et en insubordination, la société doit, de toute nécessité, intervenir et jeter une barrière entre deux ennemis qui se menacent, en attendant de se déchirer.

Jésus-Christ, qu'on y songe, en conviant l'homme à la perfection, n'a pas prétendu gêner sa liberté. Il lui a révélé les devoirs auxquels son bonheur terrestre est attaché, et pour lui en rendre l'accomplissement plus facile, il lui a promis au ciel l'éternité des récompenses. Il n'a pas dit : « Tu n'épouseras point la femme adultère que son mari aura renvoyée, » mais, « Si tu épouses cette femme, tu seras toi-même adultère ; » c'est-à-dire, et en cela la maxime du Christ est confirmée par l'opinion commune, « tu montreras un cœur corrompu, si tu recueilles les fruits du libertinage. » Répétons-le donc, la liberté est la base de sa religion, le cachet de son origine. Par malheur, on a méconnu ce sacré caractère ; on s'est obstiné à confondre le précepte et la loi. De là les abus qui fourmillent dans la législation, les injustices qui ont affligé l'humanité, enfin les violations de cette liberté individuelle, qui n'a et ne peut avoir de limites que lorsqu'elle ne respecte plus celle des autres !

Aussi, de quelle importance n'est-il pas de bien distinguer la morale et la législation, malgré leurs rapports intimes ? l'une conseille, l'autre ordonne. La première est infaillible; la seconde est chancelante et souvent aveugle; l'une est éternelle, l'autre n'est presque toujours que l'expression de l'état informe des sociétés, et tend sans cesse à se modifier.

Vouloir mêler dans une alliance impossible l'autorité de la religion et la loi civile, c'est outrager la raison, c'est blasphémer Dieu ! Là où la mission de l'une finit, celle de l'autre commence. Ainsi, aux yeux du législateur, qui n'est appelé qu'à régler les rapports sociaux, on peut être dur, insensible, avare, sans cesser d'être bon citoyen. Mais le philosophe et le chrétien doivent venir en aide au législateur, en flagellant les vices qui échappent à la répression de sa justice. Celui-ci admet la négation des vertus, ceux-là en exigent la pratique. Ils rendent obligatoires la chasteté, la charité, la tempérance et toutes les qualités morales qui peuvent contribuer au bonheur de l'humanité.

Si nous insistons à dessein sur ces considérations, c'est que l'indissolubilité est devenue une question de dogme, et qu'on a lié l'existence de la religion au divorce. Des intérêts temporels mal entendus, l'aveuglement de quelques prélats ont seuls pu maintenir au sein de l'Eglise une erreur si contraire aux principes d'une doctrine essentiellement basée sur ce triple attribut : *Liberté, — humanité, — moralité.* Eh quoi ! celui qui prétend régner sur des cœurs volontairement engagés, qui instruit les hommes à chercher le bonheur dans la vertu, aurait consacré une loi d'esclavage, de douleurs et de crimes ! Mais où trouvez-vous dans l'Évangile la preuve d'une contradiction si choquante ? Oh ! n'en doutez pas, Jésus-Christ, qui a sanctifié le mariage, pour adoucir les obligations qu'il impose, aurait dit à ceux qui y font naufrage : « Brisez une chaîne qui vous accable et porte scandale à vos frères. Ma religion n'est point cruelle. Si elle propose aux forts le prix des sublimes sacrifices, elle a de la nourriture pour les faibles. » Croire cette religion bienfaisante, intéressée à la conservation d'une loi funeste, c'est la calomnier, c'est démentir ce magnifique éloge d'un écrivain du dix-huitième siècle : « La religion a voulu que nos passions servissent d'ailes à nos vertus. Bien loin qu'elle nous lie sur la terre, c'est elle qui rompt les chaînes qui nous y tiennent captifs. Que de maux elle a adoucis ! que de larmes elle a essuyées ! que d'espérances elle a fait naître, quand il n'y avait plus rien à espérer. Elle ne donnait pas un seul jour à la haine, et elle promettait l'éternité aux amours (1). »

Ce passage n'est pas seulement éloquent, il est vrai ; et il fait entrevoir l'immensité des services que la religion pourrait rendre encore à l'humanité si ses interprètes étaient toujours à la hauteur de la mission que la loi leur confère. Ministres de Dieu, comprenez bien les devoirs de votre apostolat ! 1830 vous a sauvés de l'abîme où l'excès même de votre pouvoir vous entraînait, en vous restreignant dans

(1) Bernardin de Saint-Pierre.

les limites spirituelles que vous n'auriez jamais dû franchir. Vous vous plaignez d'être sans influence; mais pourquoi l'avez-vous perdue? La société n'a-t-elle plus de sympathies ni d'éloges pour les dévouements qui ont illustré l'Église! Ne suivons-nous pas d'un regard admirateur les courageux néophytes qui vont porter au loin les lumières de la foi chrétienne? Mais que faites-vous de comparable? Logés somptueusement, riches, heureux comme les grands du monde, vous vous croisez les bras sur l'autel, parce que vous n'avez plus, dites-vous, rien à faire. Rien à faire! mais n'est-il plus de pleurs à tarir, de vices à combattre, de cœurs chancelants à fortifier, d'infortunes à secourir? Oh! vous voudriez qu'on forçât les fidèles d'aller à vos prêches, tandis que vous tonnez, du haut de vos chaires, contre les mœurs d'un siècle impur! Mais, sachez-le bien, votre tiédeur est devenue complice de cette immoralité. Au lieu de laisser passer le mal, que n'avez-vous lutté avec lui pour le vaincre? Pourquoi ne vous êtes-vous pas dit, en contemplant les misères sociales : « Voyons, voilà du désordre. Étudions-en la cause, pour essayer de la détruire. Ces fous qui plaident et se ruinent; ces frères dont la désunion est une honte; ces citoyens en guerre ouverte; ces époux qui se trompent et se haïssent, n'est-il aucun moyen de les rapprocher?» Parlez: quel est celui de vous qui se soit posé ce problème; qui ait tenté de le résoudre; qui, les yeux constamment attachés sur l'homme prêt à faillir, l'ait arrêté au bord de l'abîme, pour le rendre à la vertu qu'il désertait? Vous préconisez l'indissolubilité; mais qu'avez-vous fait pour elle? Où sont les antipathies que vous avez éteintes, les ménages que vous avez réunis? avez-vous recherché la cause de ces désunions conjugales, et vu si dans ces cœurs glacés par l'indifférence, quelque fibre secrète ne pouvait pas encore résonner? Avez-vous tenté d'intéresser à cette œuvre de réconciliation les parents et les amis de ces malheureux, en leur traçant la ligne à suivre, les paroles qu'ils devaient faire entendre, les conseils qu'ils devaient donner? N'avez-vous pas plutôt, par des déclamations inopportunes, jeté du feu sur les blessures? Qui sait? La moindre assistance à l'infortuné qui combat aurait décidé la victoire; l'abandon précipite sa défaite; car on le délaisse, quand il faudrait le fortifier contre sa faiblesse, ses ressentiments ou sa douleur.

C'est ainsi, prêtres, que vous pouviez recouvrer l'autorité morale que vous avez perdue; c'est ainsi que l'Église peut être encore forte et vivace, la consolation des affligés, le refuge des victimes, la vraie religion du Christ! Ne vous mêlez plus aux passions de la politique, aux vanités des salons, à ces agitations temporelles dont vous sortez affaiblis et déconsidérés. Redevenez ce que vous n'auriez jamais dû cesser d'être, les continuateurs des chrétiens des Catacombes, des intermédiaires entre l'homme et Dieu!

Des écrivains, qui ont plus de talent que de bonne foi, se sont étonnés que l'idée du divorce ait survécu aux anathèmes d'une religion qui a détrôné l'infanticide, la polygamie, les gladiateurs et les sanglants sacrifices de l'antiquité. Quelle étrange similitude! n'est-ce point ce qui prouve, au contraire, l'excellence et le besoin de cette institution? Si elle n'eût été conforme aux vœux de la nature et d'un si grand intérêt social, eût-elle résisté aux coups qu'on lui a portés? Aurait-elle excité tant de querelles au seizième siècle, et divisé tant de hautes intelligences? Serait-elle sortie rajeunie des entrailles de la révolution de 89? non vraiment! Elle se serait éteinte sans bruit; elle se serait écroulée sans efforts, comme un édifice sans base.

Puisqu'il est à peu près prouvé maintenant que la religion, loin de repousser le divorce, devrait être la première à solliciter son rétablissement, voyons s'il est vrai que la raison et la politique le condamnent.

Un des plus heureux arguments qu'on ait fait valoir est celui-ci : « La séparation ouvre une porte au repentir et aux réflexions. » Assurément, si l'on considère les individus, abstraction faite de ce qui les entoure, tout indique que l'isolement où la séparation les place fera naître en eux le désir d'un rapprochement; car de puissantes raisons les y portent : la paix qui fuit leur conscience troublée, la considération publique qu'ils seraient jaloux de reconquérir, leurs intérêts ruinés, des enfants qui réclament leur tendresse, le deuil de leur famille, les sollicitations de leurs amis. Et puis les scènes, en s'éloignant, perdent de leur gravité; les mécontentements s'oublient; les ressentiments s'évanouissent.

C'est là une théorie superbe, mais illusoire. Non, la séparation ne produit que rarement un tel résultat; car, pour qu'il faille au mariage un remède si cruel, le mal doit être bien avancé, s'il n'est tout-à-fait incurable. Et d'ailleurs, quand on a été frappé par cette épée de l'opinion, qui fait de si larges blessures; qu'on a foulé sous ses pieds les affections domestiques; qu'on est sorti asphyxié par la honte des dures épreuves d'un procès en séparation, la confiance ne saurait que bien difficilement renaître; on ne retrouve au fond de son cœur que les traces de l'injure et les souvenirs brûlants du passé. Ne doit-on pas regarder encore comme un obstacle presque invincible à toute réconciliation les liaisons scandaleuses que provoque la séparation de corps, terrible inconséquence qui met le libertinage à la place de la discorde, et corrompt la société qu'elle a la prétention de purifier?

On a dit aussi : « Quel droit ont de contracter une autre alliance ceux qui n'ont pas su rencontrer le bonheur dans la première? » Quel droit? Mais si la loi ne règle pas ce qui est moral et seulement ce qui est matériel; si la liberté, nous le répétons, n'est limitée que par le respect de celle des autres, nul doute qu'en principe ce droit n'appartienne à tous les hommes. Mais ajoute-t-on : « Comment voulez-vous que celui qui n'a pas su jouir d'une première union se trouve heureux dans une seconde; qu'il n'y porte pas les mêmes passions, et que dans les bras d'une nouvelle épouse il ne se souvienne pas de l'ancienne ? » Une telle objection mérite à peine d'être discutée. Ne sait-on pas que les humeurs et les caractères sont aussi variés que les individus eux-mêmes ? N'a-t-on pas vu fréquemment, dans les cas de seconde et troisième noces, des époux, malheureux dans leurs premiers liens, trouver la tranquillité dans les nouveaux ? Cet homme, dont l'inconstance a fait le désespoir de sa première femme, fera le bonheur de celle qui lui succède, parce que celle-ci aura, dans sa gaieté et son insouciance, le don d'amortir ou de diriger ses passions. Combien n'en pourrait-on pas citer dont les défauts, qui ailleurs eussent été des qualités, ont porté la désunion dans leur ménage? Ainsi une épouse avare reproche à son mari des dépenses légitimes. Cette prétendue prodigalité est l'occasion de querelles incessantes. Qu'arrive-t-il? Que le mari cherche au dehors les distractions que lui refuse son intérieur; la maison souffre; les enfants sont compromis dans leur avenir; les sévices, les voies de fait viennent ensuite, et tout cela se termine bien souvent par une mort prématurée. En aurait-il été de même si les conjoints avaient eu des sentiments moins opposés?

Oui, vous avez raison, l'individu divorcé portera les mêmes passions dans un second mariage; mais elles y produiront d'autres effets, parce qu'elles y trouveront d'autres mobiles. S'il se souvient de sa première chaîne, ce sera pour s'applaudir de l'avoir rompue. Quoi! l'homme que j'ai quitté était injuste, violent, joueur, débauché, mauvais père; j'en trouve un plein de bonté, de sollicitude et d'amour; et je regretterais la douleur au sein de la jouissance, je maudirais le divorce : allons donc!

Les partisans de l'indissolubilité ne s'en sont pas tenus là : « Que réclamez-vous de la loi? ont-ils observé. Qu'elle rompe l'engagement que vous aviez contracté? Mais n'étiez-vous pas dans les conditions qui rendent un contrat valable ? N'aviez-vous pas la plénitude de vos droits, de votre intelligence, de votre liberté ? La loi a reçu vos serments, la religion les a consacrés ; loin qu'elle vous en dégage, son devoir est de les faire respecter. Que vous soyez heureux ou non, qu'importe ? Ce n'est point à elle de soigner vos plaisirs. » Et de tels arguments suffiraient pour détruire l'autorité des faits et de la raison ! notre état social a voulu qu'à l'hymen fût dévolue la conservation de l'espèce ; et si, pour atteindre le but du mariage, il faut en subir les nécessités, la loi, qui nous l'impose dans une vue de moralité publique, ne pourrait délier les nœuds qu'elle forme quand ils sont stériles et funestes ! L'autorité ecclésiastique ne relève-t-elle point des vœux téméraires ? Que venez-vous au reste comparer des choses inassimilables ? La loi m'assure, il est vrai, la jouissance d'une maison, d'une terre ou de toute autre propriété, dont je deviens l'acquéreur, car, en l'achetant, j'ai pu en apprécier la valeur, en énumérer les avantages. En est-il ainsi pour le mariage ? Non, à coup sûr, et le législateur ne devrait garantir l'exécution d'un tel contrat que dans le cas où il pourrait efficacement me protéger contre la perversité de l'être auquel mon sort est uni. Si la loi et la religion, dont l'une a présidé à l'hyménée pour en régler les clauses, et l'autre pour le revêtir de son prestige, sont dans l'impuissance de m'offrir ces garanties, que leur reste-t-il à faire, sinon de me rendre à la liberté ? Comment enfin osez-vous dire que la félicité des citoyens doit être indifférente au législateur ? N'est-ce pas là, au contraire, l'unique but de sa mission ; son devoir le plus impérieux ?

On a prétendu, en outre, que le mariage n'étant contracté que pour les enfants, deux ne pouvaient pas rompre un engagement formé par trois. L'erreur est ici manifeste ; car la reproduction n'est pas la seule condition du mariage. S'entresoutenir réciproquement, s'assister dans les afflictions, dans les maladies, dans la vieillesse ; accomplir par l'amour une fonction commune d'amour, telles sont les obligations conjugales. Quand elles ne sont pas remplies, la séparation doit être autorisée par la loi, car elle est réclamée par la morale.

C'est avec aussi peu de raison qu'on a comparé l'État à un tuteur. Les droits du tuteur sont bornés, afin que sa gestion ne soit pas infidèle. Plus étendus, ils deviendraient abusifs ; car s'il vendait un immeuble, la cupidité pourrait éveiller en lui la fraude. L'autorité judiciaire, on le conçoit, ne saurait donner accès à de telles craintes. Ici la déloyauté ne se suppose point, et les intérêts des enfants sont pesés dans des balances où la corruption n'entre pas. La loi peut donc, comme elle le fait au reste dans une foule de circonstances, intervenir pour l'avantage de ses pupilles.

La séparation, à vous entendre, *conserve et garantit les droits des enfants.* Voyons un peu. Certes, si les époux désunis vivaient sans entraînement et sans désir, s'ils ne cherchaient une compensation à leur isolement dans des joies illégitimes, les enfants, centre des affections communes, pourraient ménager entre eux une salutaire réconciliation. Mais ces cas sont rares et ne s'offrent jamais que lorsque la succession des années a éteint de part et d'autre le goût de la débauche et l'ardeur des ressentiments. Pendant ce temps les enfants ont grandi ; l'âge de leur majorité est arrivé. Le resserrement du mariage n'est alors pour eux qu'une satisfaction morale ; ce n'est pas un bien réel effectif. Mais pendant toute la durée de la séparation, qui a pris soin de leur fortune, de leur avenir ? Quelle est donc pour eux l'utilité de cette loi ? Quelquefois, de loin en loin, par miracle, elle rapproche le ménage désuni ; mais, à cette chance incertaine, que d'inévitables chances on peut opposer ? Des enfants nés de l'adultère, grandissant à côté des enfants légitimes ; pour ceux-ci, abandon, défaut d'éducation, ruine ; pour les premiers, misère et proscription. Ils ne sauraient même hériter de leur mère, comme si une disposition aussi draconienne ne faisait pas la honte de nos codes ! Pourquoi forcer ces malheureux de naître, si c'est pour les délaisser ? Oh ! que ne vous souvient-il de saint Vincent de Paule les recueillant dans les pans de sa robe et sollicitant pour eux la pitié des grands du monde !

Et si c'est à tort qu'on s'autorise de l'intérêt des enfants pour faire prévaloir la séparation, que dire du trouble que le divorce apporte à l'ordre des successions, sinon que, dans une aussi importante matière, c'est se préoccuper d'une considération bien chétive. Qu'importent, en présence du salut de plusieurs individus, quelques perturbations dans un héritage ? Mesurer ainsi la joie, la vie de l'homme au poids de l'or est chose ignoble. D'ailleurs, les enfants cessent-ils d'être les héritiers directs de leurs parents ? Ces perturbations ne sont-elles pas également inhérentes à la séparation ? Ne faut-il point, dans ce cas, sous peine de désaveu, que le patrimoine soit partagé entre les enfants légitimes et les enfants adultérins ? Dans le mariage, cet ordre n'est-il pas bouleversé tous les jours par les produits d'un amour illicite ? Et si le monde ne s'en émeut pas, parce qu'ils sont adoptés par une paternité fictive, pourquoi ces considérations prévaudraient-elles contre le divorce, puisqu'elles n'intéressent en rien la sécurité sociale ? Cette raison, on le voit, est sans valeur.

On ne doit pas accorder plus d'importance aux paroles des écrivains qui prétendent que le besoin du divorce se fait particulièrement sentir dans la classe aisée. D'abord, cet argument n'en est pas un ; car si la classe indigente mérite plus d'égards, l'une et l'autre ont droit à une égale protection. La fortune ne saurait être un titre à une exclusion injuste. Toutefois, plût à Dieu qu'il en fût ainsi ! Les riches ayant presque toujours deux ailes à leur château, deux lits dans leur ménage, ils pourraient jouir des bénéfices du divorce sans en supporter les charges. Mais cette assertion est démentie par les faits. C'est surtout pour le peuple que le divorce est nécessaire; car, s'il est exempt de ces antipathies qui naissent d'une sensibilité exaltée, en revanche, le défaut d'instruction, la grossièreté des habitudes, l'intempérance des désirs, le mépris de l'opinion, en multipliant les causes de discorde dans le ménage du pauvre et de l'artisan, donnent lieu aux séparations de fait, à l'abandon, aux mauvais traitements et aux terribles suites qu'ils enfantent. Au reste, s'il est vrai que le divorce, en raison des frais qu'il entraîne, est difficilement accessible à la classe inférieure, la loi ne peut-elle pas obvier à cet inconvénient, en lui épargnant les sacrifices que doit subir la richesse?

Mais hâtons-nous d'arriver à une objection véritablement sérieuse : « L'indissolubilité, dit-on, met un frein aux passions que le divorce alimente et satisfait. » Ici, avouons-le, l'éloquence a pu fournir à la cause de l'erreur des armes puissantes contre la vérité. Mais il sera facile d'en reconnaître la fragilité, si l'on descend sur le terrain de l'observation; si l'on examine, dans la conduite de l'homme, l'effet de ses dispositions naturelles et l'influence qu'exercent sur ces dispositions les différents milieux de la société. Une première question se présente : « Quelles sont les passions que tel moyen excite, que tel autre peut comprimer? » Quoique nombreuses et variées, elles peuvent se résumer en ces trois-ci : l'*inconstance*, la *cupidité*, la *haine*.

L'ennui d'une vie uniforme, la mobilité inhérente à certains caractères, une rencontre accidentelle, l'ardeur du tempérament, le malaise domestique, etc., ont souvent provoqué l'inconstance. La préférence accordée à l'objet d'une flamme adultère, en relâchant les nœuds légitimes, peut faire souhaiter leur rupture. On conçoit donc que la faculté du divorce irrite ce désir en offrant à l'homme un moyen de se satisfaire ; tandis que l'indissolubilité , en l'entourant d'insurmontables difficultés, le comprime par le sentiment de l'impuissance. Voilà ce que le raisonnement indique ; et ce qu'il est loisible à l'imagination d'exagérer.

Ceci s'applique également aux penchants d'où naît la cupidité. L'ambition, l'amour des richesses, le goût du luxe et des plaisirs sont assurément susceptibles d'être éveillés par les séductions du divorce ; puisqu'une alliance plus avantageuse laisse entrevoir à une âme avide et vénale l'espérance de la fortune et des voluptés qu'elle n'avait point rencontrées dans un premier mariage. Le divorce peut donc fournir un appât à la cupidité. Rien n'est plus vrai.

Quant à la haine, quel qu'en soit le principe, antipathie , abandon , privations, sévices, etc., naturellement encline à une séparation violente, elle ne peut manquer de s'accommoder du divorce qui lui donne les moyens de la réaliser.

Oui , à coup sûr, ces effets sont possibles. Mais de ce qu'ils peuvent exister , s'ensuit-il qu'ils existent nécessairement? non certes. Toute action volontaire est le produit de ces trois conditions : *puissance, liberté, volonté.* Aucune d'elles ne peut impunément manquer. Or , voici ce qui met justement en évidence l'erreur fondamentale des adversaires du divorce qui ont cru que l'homme ne pourrait être maîtrisé dans ses penchants que par la force et la contrainte. « L'homme, ont-ils dit, peut se divorcer , il se divorcera , soyez-en sûrs. » La volonté, il l'a toujours ; la liberté et la puissance, votre loi les lui donne. La conséquence d'un pareil système se tire d'elle-même. Il y aurait dans ce cas , on le comprend , presqu'autant de divorces que de mariages. Eh bien ! ceci est radicalement faux ; car de ces trois conditions qu'on suppose ici réunies , une seule existe réellement, la *puissance,*

La liberté et la volonté sont constamment asservies. L'homme obéit à des considérations nombreuses, à des passions diverses qui se font équilibre et se neutralisent réciproquement. Ainsi le besoin du repos tempère le désir de la gloire ; l'envie de s'enrichir impose silence aux dérèglements ; la tendresse maternelle retient près du berceau de son enfant la femme que sollicitent les plaisirs du monde. L'homme étant de la sorte circonvenu par une infinité de causes, dont les plus efficaces se trouvent en lui-même, n'est-il pas évident que le divorce, fût-il libre, pourrait n'avoir point tous les inconvénients qu'on lui attribue ? Voyons, au reste.

Et d'abord, connaît-on beaucoup de liaisons illicites qui se soient formées en vue du divorce ? L'attrait du plaisir n'est-il pas le premier séducteur ? Assurément, il faut que l'amour, cette passion ardente à laquelle tout calcul est étranger, soit devenu bien exclusif pour enfanter une telle idée. Et dans ces cas heureusement rares, une âme timide et généreuse nourrira d'inutiles désirs. Emportée et violente, elle n'attendra pas le divorce pour briser les obstacles qu'on oppose à ses vœux ?

Oh ! d'ailleurs pour rompre un mariage, il faut une fermeté de caractère qu'on ne puise que dans des penchants irrésistibles ou dans le sentiment d'un malheur irrémédiable. Que de difficultés, pour ne pas dire d'impossibilités, s'élèvent de toutes parts autour des individus ! La loi n'a-t-elle pas ses précautions, ses garanties, ses formes, ses lenteurs ? Ce besoin instinctif de considération, qui anime à différents degrés tous les hommes, se détruit-il si complétement qu'on devienne insensible aux ironies et aux flétrissures de l'opinion ? Si le sentiment de l'amour s'est émoussé chez les époux, celui de l'estime et de l'affection, entretenu par la reconnaissance des services rendus, par la longue habitude d'une vie commune, ne peut-il pas lui survivre ?

Comment résister aux larmes de ses parents, aux reproches de ses amis? Les enfants, quand il en existe, ne sont-ils pas une puissante considération pour retenir dans le mariage ceux qui seraient tentés d'en sortir? Enfin, comptera-t-on pour rien le soin de son repos, de ses affaires, de ses intérêts?

Disons-le sans crainte, il faut autre chose qu'un vain espoir de fortune, qu'un frivole attachement pour décider un homme à fouler aux pieds toutes ces considérations, tous ces obstacles. Une dernière raison, c'est que le divorce n'est point ordinairement obtenu par celui auquel les torts sont imputables. Dira-t-on qu'il saura bien contraindre son conjoint à le réclamer? Ah! il nous semble que c'est tenir en trop petite estime la nature humaine! Non, jamais un mari ne trompera, ne maltraitera sa femme; jamais une femme ne ruinera la maison de son mari, ne souillera volontairement sa couche dans l'espoir d'un tel résultat. Ou, si de telles infamies se rencontrent, ce ne sera que dans des organisations monstrueusement exceptionnelles!

Ainsi le divorce, on le voit, n'est un appel fait aux passions que dans quelques cas isolés. Mais est-il permis de les convertir en loi générale sur cette supposition irrationnelle et injurieuse que la constitution de l'homme est organiquement mauvaise, tandis qu'elle n'est, en réalité, qu'imparfaite. Cette supposition, on l'a appliquée spécialement aux femmes. On les a montrées comme l'incarnation du libertinage. On a biffé d'un trait de plume toutes les qualités qui font d'elles l'ornement de la société. Mais dans quel miroir les a-t-on vues, mon Dieu! Qu'une pédante, orgueilleuse et jalouse, qui a nom madame Necker, injurie son sexe; que cette femme soit protestante, cela se conçoit; mais qu'on la croie sur parole, voilà qui doit surprendre! Non, les femmes ne sont pas des êtres abjects, sans pudeur, sans chasteté, sans vertu. Leurs erreurs sont le plus souvent les fruits de notre inconstance ou de nos torts, et si elles sont presque toujours les premières à recourir à la séparation ou au divorce, c'est que le mariage a pour elles des obligations auxquelles les hommes peuvent aisément échapper, et qu'une femme vertueuse n'ira jamais demander l'oubli de ses chagrins aux désastreuses jouissances de l'adultère. C'est qu'enfin la société leur a donné le monopole des douleurs. Si elles n'étaient pas écrasées sous la tyrannie, menacées par la misère, brisées par le désespoir, croyez-vous qu'elles auraient le difficile courage de provoquer une séparation, d'accepter le ridicule et le retentissement de tels débats? Quoi! dans cette triste créature, toute pâle de honte, qui demande à la loi un adoucissement à son esclavage, vous vous obstinez à voir une bacchante emportée par ses sens, une victime à frapper. Mais, si elle est coupable, qu'a-t-elle besoin du divorce? Ne lui offrez-vous pas un refuge contre ses afflictions, une satisfaction à ses désirs, vous qui tolérez l'adultère en essayant de le prévenir? Que punissez-vous par la prohibition? C'est la personne innocente que le vice effraie et à qui la pudeur a appris l'art de se résigner : ce n'est pas la femme qui nourrit de criminelles ardeurs. Non, car le mariage assure à celle-ci l'impunité; car son penchant ne la porte point à réfléchir. Elle se rue dans la débauche, avec la même insouciance que ces malheureuses filles qui pourvoient les maisons d'enfants trouvés, sans songer qu'il existe des lois protectrices de la morale; des lois, qui, en refusant à la maternité les bénéfices du mystère, n'empêchent pas la procréation d'un seul bâtard, mais qui conduisent à l'infanticide et jettent chaque année plusieurs têtes à l'échafaud. Disons-le aussi haut que la voix peut s'élever quand il s'agit de proclamer une vérité, ce qui porte les femmes à solliciter le divorce, ce ne sont pas les passions, mais la nécessité; ce n'est jamais le libertinage, mais le malheur.

Comparez ce qui se passe dans les pays où le divorce est autorisé :

en Allemagne, en Suisse, en Angleterre. La morale y est-elle moins pure qu'en France? Si les divorces y sont rares, dites-vous, c'est que les mœurs y sont moins imparfaites. Eh bien! puisque l'excellence des mœurs peut assurer, à vous entendre, l'indissolubilité conjugale, pourquoi ne pas chercher à les améliorer? Au lieu de punir le désordre, appliquez-vous à le prévenir; attaquez-le dans sa source par une éducation sage et universelle. L'histoire fourmille d'exemples qui prouvent à quel point l'éducation peut modifier la nature. Brutus sacrifiant son fils; les femmes de Sparte remerciant les dieux que leurs enfants soient tombés aux Thermopyles; tant d'ardeur dans les combats; tant d'énergie devant la mort; tant de sentiments refoulés pour une idée, un devoir, un mot; ce sont là de bien éloquents témoignages de l'empire des influences extérieures sur le caractère et de l'éducation sur l'homme. Et que Napoléon le savait bien! quand il disait à ses compagnons d'armes : « Soldats, du haut de ces pyramides quarante siècles vous contemplent »; il devinait tout ce que ces paroles devaient raffermir de courages et féconder de dévouements. Cela n'indique-t-il point aussi combien la tâche d'un gouvernement serait facile si ses intentions étaient toujours équitables ? C'est un fait constant; si les institutions généreuses développent et mettent en relief les nobles instincts de l'homme, les lois étroites et lâches le rendent chétif, rabougri, accessible à toutes les bassesses; car son organisation est essentiellement mobile. Un mot l'enflamme ou l'abat; un sarcasme le désarme; une plaisanterie change sa fureur en hilarité, et sa colère en bienveillance. Vous souvient-il de l'abbé Maury, répondant aux républicains qui se mettaient en devoir de le pendre à une lanterne : « Y verrez-vous plus clair? » et devant son salut à cet à-propos, plein d'une intrépide ironie?

Qui oserait nier enfin l'influence qu'exercent sur nos destinées les enseignements de notre première jeunesse? « Tel père, tel fils, » est un axiome d'une haute signification. Vivez dans une atmosphère d'impureté, et bientôt vous pratiquerez le vice sans remords. Dans l'enfance, l'âme est une pâte molle, qui peut recevoir toutes les empreintes. Développez d'heureux germes dans cette jeune nature, et plus tard les mauvais penchants y seront sans activité. La vertu formera des unions, extérieurement protégées par le développement de la morale publique, et le divorce ne sera plus qu'un besoin solitaire, accidentellement réclamé.

Mais notre organisation sociale est loin d'en être arrivée là. Toute demande en séparation est l'expression d'une impérieuse nécessité, et si par hasard le lieu de la contrainte retient quelques époux ennemis dans le mariage, ce n'est le plus souvent, hélas ! que pour les conduire à des résolutions plus terribles. A coup sûr, le divorce est mille fois préférable au crime, et si l'on vous disait : « Voici Peytel et Marie Capelle, prêts à devenir assassins : il ne tient qu'à vous de briser le marteau de l'un, d'arracher le poison à l'autre; choisissez pour eux entre le meurtre et le divorce, entre la rupture d'une union funeste et le tableau de deux cadavres, d'un échafaud debout, de parents en pleurs, d'expertises multipliées, de témoins ravis à leurs occupations, de toute cette fange de poursuites scandaleuses et ruinantes où la société va chercher d'affreuses émotions; qui de vous oserait hésiter ? Rétablissez donc cette loi salutaire ; car c'est l'indissolubilité qui a tué madame Peytel, qui a tué Lafarge, si Marie Capelle est coupable. C'est elle qui remplit chaque jour les gazettes des tribunaux de si lugubres épisodes, de si horribles histoires!

Et il n'est pas permis de s'en étonner! Frein des passions faibles et tranquilles, l'indissolubilité sert d'aiguillon aux instincts fougueux et désorganisateurs. Cet homme que le regret dévore, que la peine accable ; cette femme qui voit sa jeunesse flétrie, son amour méprisé, qui s'est livrée peut-être à des joies coupables, votre loi les empêchera-t-elle de nourrir des pensées fatales? Quels préservatifs opposez-vous aux sombres projets qu'ils méditent? Ils ont, il est vrai, la ressource de la séparation; mais quelle ressource ! Funeste à ceux qui l'invoquent, aux enfants, à la famille, à la société, quel courage ne faut-il pas pour tenter cette voie périlleuse? Que de soins poignants, de formalités odieuses; que de hontes à subir ! Et, après toutes ces hontes, que reste-t-il? un veuvage presque toujours sans fin ; un mal sans remède, des enfants sans père ; la solitude, la débauche, le mépris du monde ! Le chemin qui conduit au meurtre est moins long et plus caché. Et, croyez-le bien ! cette idée a dû surgir plus d'une fois dans l'esprit de ceux qui demandent une séparation. Or, *quelle terrible loi que celle qui condamne à choisir entre le crime et le désespoir !*

Ces développements démontrent suffisamment à quels déplorables aberrations on fut redevable de la proscription du divorce. Pour achever de le discréditer, on affecta de le confondre avec la promiscuité. Certains esprits, qui trouvent plus commode de penser par les autres que par eux-mêmes, acceptèrent ce grossier mensonge ; et cependant qu'il eût été facile de discerner la vérité sous le masque dont on l'affublait !

La promiscuité est, on le sait, le libre et impur mélange des sexes ; c'est la prostitution sans contrainte, l'amour à la manière des bêtes. Dans cet abominable système, la satisfaction n'est limitée que par l'impuissance. A coup sûr, le divorce libre aurait quelque analogie avec la promiscuité, si les mœurs et l'opinion n'étaient là pour en arrêter les effets, pour en régler les conséquences. Mais le divorce libre n'est point le divorce légal, tant s'en faut ! Le premier, par la dissolution de la famille, conduit directement à la ruine de la société ; le second épure l'humanité et la protège contre les passions. Antipode de la promiscuité, il n'a pas plus de similitude avec la polygamie et la répudiation. Ces deux institutions qui, lorsqu'elles ne sont pas un signe de l'enfance des nations, les y ramènent, confèrent à l'homme une odieuse tyrannie. La polygamie contient surtout pour les états qui l'autorisent le germe d'une inévitable destruction. Car, au sein de ce luxe de femmes dont il faut garder la vertu, l'homme s'étiole, son corps s'énerve, son cœur s'amollit, et les générations, perdant ainsi leur vigueur, n'enfantent plus que de débiles esclaves, qui s'inclinent sous toutes les hontes, et tendent leurs mains à toutes les chaînes.

La répudiation consacre à son tour un dégoûtant despotisme, puisqu'il suffit d'un caprice, d'un feu passager, pour faire perdre à l'épouse les droits qu'elle peut avoir acquis à la tendresse de son mari par de longues années de dévouement.

Le divorce légal n'offre aucun de ces abus et resserre les liens conjugaux, comme l'a très-bien établi Montaigne : « Nous avons pensé, » dit ce savant et profond observateur, attacher plus ferme le nœud » de nos mariages, pour avoir osté tout moyen de les dissoudre ; mais » d'autant s'est despreint le nœud de la volonté et de l'affection que » celui de la contrainte s'est estrecy, et au rebours de ce qui tint les » mariages à Rome si long-tems en honneur et en sureté fut la liberté » de les rompre qui vouldroit ; ils gardoient mieux leurs femmes, » d'autant qu'ils les pouvoient perdre ; et en pleine licence du divorce, » il se passa 500 ans et plus avant que nul ne s'en servit. » M. de Bonald, ce fougueux partisan de la prohibition, n'a pas contesté ce fait historique ; il s'est contenté de l'expliquer à sa manière. Mais l'expérience n'a-t-elle pas prononcé en France contre les faiseurs de théorie?

Qui ne sait que l'abolition du divorce, en 1816, fut une œuvre de ressentiment et de haine, le produit d'une réaction aveugle contre les idées de 89 ? Pendant une période de vingt années, et surtout depuis la promulgation du Code civil, les demandes en divorce avaient progressivement diminué, et jamais la paix des ménages n'avait été plus solidement établie. C'est à dater de 1816 qu'on vit, au dire même d'un membre de la pairie, l'adultère refleurir dans les mariages ; que le nombre des liaisons illicites et des séparations se multiplia, et qu'une infinité de crimes contre les personnes vint effrayer la société. Chose affreuse à signaler ! cet état est devenu, depuis lors, pour nos mœurs, un état normal ; l'habitude l'a fait regarder comme une nécessité, à tel point qu'il s'est rencontré des voix assez hardies pour proclamer QUE LA RAISON SOCIALE NE DEVAIT POINT AVOIR ÉGARD A CES TERRIBLES RÉSULTATS (1). Monstrueuse doctrine qui recèle et explique la Saint-Barthélemy, les Cévennes et tous les grands forfaits politiques et religieux qui ont épouvanté le monde !

Si l'on comprend aisément, car tout ce qui précède le prouve, que la prohibition du divorce est attentatoire à la liberté, on n'ignore pas que ce sentiment est de tous le plus ombrageux, le plus vivace ; qu'il fait braver les dangers les plus certains, et produit comme la foi des miracles et des martyrs. Or, que ne doit pas souffrir l'homme qui ne peut rompre un mariage malheureux? C'est plus qu'un esclave dans un pays libre ; car l'esclave l'est par le droit de la force, et il l'est, lui, par l'injustice des lois.

Le divorce, en s'appuyant sur la liberté, rend les rapports des époux plus agréables, et leurs devoirs plus faciles; et lors même qu'il existe entre eux une inégalité d'affections, ici comme dans les unions libres, si la crainte de perdre l'objet aimé redouble chez l'un la tendresse, les soins enchaînent l'autre par la reconnaissance. Rien de

(1) M. de Bonald.

tout cela n'existe dans le mariage indissoluble; car, dans ce funeste système, on doit s'aimer de par le Code; la fidélité est une obligation légale; l'obéissance y dégénère souvent en prostitution forcée. Les querelles y naissent avec facilité, parce que les exigences réciproques sont sans limites; elles y sont violentes, parce que leur cause est éternelle, et les fautes terribles, parce qu'elles sont irréparables.

Et ne voit-on pas encore que le divorce tranche une des questions les plus agitées de l'économie politique, celle de l'autorité paternelle? Il affranchit les enfants de ce qu'un joug, doux d'ailleurs, offre en cela de tyrannique. L'amour des parents est certainement respectable; mais est-il toujours éclairé? Hélas! non. Une inintelligente cupidité s'allie trop souvent à leur tendresse. Ils songent à enrichir leurs enfants, avant de penser à les rendre heureux. Qu'importe à ce père aveuglé, à cette mère avide d'accoupler la jeunesse à la décrépitude, la pudeur au vice, l'intelligence à l'abrutissement? ce qu'ils veulent, c'est que leur fille ait une brillante position sociale. Car, disent-ils, *on se fait en mariage.* L'habitude y tient bientôt lieu d'amour. Eh! malheureux! cette détestable maxime, combien d'abîmes n'a-t-elle pas ouverts? vous vendez votre fille, vous achetez votre gendre : cette transaction d'une vie entière est une affaire commerciale, un tripotage d'argent. Eh bien! sans l'indissolubilité, un tel marché pourrait être résilié, un tel contrat rompu. Des époux vieux et cacochymes n'oseraient plus jeter dans leur couche les belles jeunes filles qu'une stupide ambition leur abandonne, et avec ces abus disparaîtrait la plaie odieuse de l'adultère, divorce honteux et caché, révolte de l'opprimé contre l'oppresseur.

Oh! avant de rendre le lien conjugal indestructible, il fallait détruire les causes dissolvantes qui le relâchent. Mais loin de là. Ces causes, nos prôneurs de morale, en exagérant la soumission à l'autorité paternelle, les ont encore aggravées et multipliées!

On n'en finirait point si l'on voulait indiquer tous les avantages du divorce. Ne ferme-t-il pas à jamais toute issue à la bigamie? Ne délivre-t-il pas les familles et la société de ces enfants adultérins qu'engendrent les séparations, des demandes en désaveu et des tristes procès qui les accompagnent? Avec le divorce on ne verrait plus des personnes honorables condamnées à porter la honte d'un nom flétri; on ne verrait plus surtout le dégradant tableau d'un pouvoir *impuissant* à réparer ce désordre, à faire cesser ces iniquités.

Ce serait le premier pas fait vers une réforme législative. C'es ainsi qu'en rentrant dans la route d'une justice droite et humaine, disparaîtraient tant d'anomalies qui n'existent que parce qu'on s'en est écarté. Trop long-temps on a fait fléchir les intérêts de l'équité devant de prétendues nécessités sociales, filles de notre ignorance ou de nos préjugés, et qui s'évanouiraient devant une observation plus sévère. Le respect des individualités doit servir de base à tout bon gouvernement; car c'est travailler au bien général que d'essayer de les satisfaire; la société n'étant, après tout, que la somme des individus. Est-il besoin de rappeler, à cette occasion, ce que les raisons d'état ont produit de violences et de tyrannies? Les lettres de cachet, justice prompte, mais inique; les bastilles, où s'exerçaient des vengeances occultes et terribles; l'inquisition, tribunal sans publicité, ont leur histoire écrite avec du sang. C'est ainsi que s'organisent les plus éhontés despotismes; car il faut souvent, pour faire exécuter une loi injuste, la flanquer de lois encore plus rigoureuses. Le soin des intérêts généraux ne doit jamais faire négliger les intérêts particuliers; toute souffrance individuelle étant l'expression la plus certaine d'une imperfection législative. Mais quoi! de telles vérités ne devraient-elles pas être universellement comprises aujourd'hui? Le temps n'a-t-il pas miné déjà plusieurs de ces principes inviolables, de ces théories tranchantes qui ont si long-temps fermé le champ aux investigations et mis une bride à la pensée humaine ? Arrière donc les traditions surannées ! Voyons l'homme tel qu'il est avec ses défauts et ses qualités. Etudions avec soin son organisation, afin que les remèdes soient toujours appropriés à son tempérament et à sa faiblesse.

Or, disons-le en nous résumant, rien n'est plus contraire aux vœux de la nature, au bien de la société, à l'esprit de la religion que l'indissolubilité du mariage. Plusieurs erreurs capitales dominent tout le système de ses partisans.

1° Ils ont considéré l'homme comme essentiellement mauvais de sa nature, tandis que cette nature n'est qu'imparfaite ; ce qui est fort différent ; car on peut avoir les qualités de ses défauts, c'est-à-dire des contre-poids.

2° Ils ont constamment raisonné comme si la faculté du divorce n'était pas entourée de garanties ; ce qui l'a fait confondre avec les odieuses lois de la polygamie et de la répudiation.

3° Ils n'ont vu qu'une cause à gagner dans les principes qu'ils préconisaient. Aussi n'ont-ils observé ni l'homme, ni la société. Ils ont oublié que si l'imagination et la poésie sont des armes brillantes, ce sont des arguments fragiles qui peuvent embellir un sophisme, mais non détrôner une vérité.

4° Aveuglés sur les périls imaginaires dont ils croyaient la morale menacée, ils ont fermé volontairement l'arène de la discussion, et, quand la loi votée par la Chambre des députés fut portée devant celle des pairs, ils couvrirent de leurs cris d'indignation la voix de ceux qui se levaient pour l'appuyer. Cette illusion funeste est d'autant plus enracinée que la source en est respectable.

5° Le besoin du divorce ne leur est apparu que comme le témoignage de passions inquiètes et désordonnées qu'il fallait, à tout prix, contenir. Ces fausses idées leur ont dérobé la vue des plaies saignantes, nées du désordre conjugal et des perturbations d'existence que produit la séparation.

Contrairement à ces opinions, nous avons montré les lois d'intimidation inutiles toutes les fois qu'elles s'adressent à des penchants médiocrement exaltés, et dangereuses chaque fois qu'elles veulent enchaîner des passions violentes. Leur emploi, injurieux pour la dignité humaine, doit être sévèrement restreint aux cas exceptionnels où l'équité le rend nécessaire. Car, si l'instinct de la liberté élève l'homme jusqu'aux plus admirables sacrifices, à plus forte raison doit-il tendre à briser les entraves sous lesquelles on chercherait à l'étouffer. Exciter ce sentiment à la révolte par la résistance est impolitique et maladroit. Combien ne vaut-il pas mieux stimuler la société par une intelligente direction ; multiplier autour d'elle les aiguillons des déterminations généreuses ; au lieu de comprimer ses désirs, les empêcher de naître ou les affaiblir ! L'homme doit trouver dans sa conscience cette intimidation que vous confiez à la loi.

Arrivant à une appréciation directe, il nous a été facile de démontrer les propositions suivantes :

— Le divorce donne à l'intérêt des époux une satisfaction que ne lui offre point la séparation. Cette institution est également réclamée par l'intérêt des enfants, par celui de la famille si *évidemment compromis* et si *sacré*, quoiqu'on l'ait toujours laissé dans l'oubli ; enfin par celui de la société tout entière. — Des deux ordres d'arguments religieux et politiques, invoqués en faveur de l'indissolubilité, l'un n'a pas une base plus solide que l'autre : ainsi, relativement au premier, la prescription qui interdit le divorce n'est point contenue dans les textes de l'Écriture, d'où elle a été exprimée ; le Christ étant

venu non donner des fers, mais les briser; et sa doctrine sur la sain-
teté du mariage ayant pour corollaire indispensable la faculté de rompre des liens malheureux. Relativement au second, les réconciliations,
très-rares et toujours tardives qui s'opèrent dans la séparation, ne
peuvent entrer en ligne de compte avec les désastres trop assurés qui
les contre-balancent. — Refuser à un individu séparé le droit de contracter une nouvelle alliance, sous prétexte d'inaptitude aux félicités
conjugales, est aussi erroné qu'injuste ; la similitude des goûts, la
conformité des caractères, pouvant se rencontrer dans un second
mariage, quoiqu'ils n'existassent pas dans le premier. — Vainement
on dénierait à la loi le pouvoir d'annuler un engagement valablement
contracté. Cet engagement doit être considéré comme aléatoire, l'en-
jeu étant trop considérable pour n'être pas sujet à la révision d'une
autorité compétente. Si on ne supprime pas le mariage comme la rou-
lette et les tripots, où les joueurs s'exposent cependant en pleine con-
naissance de cause, on doit au moins l'entourer de garanties et le
rendre en certains cas révocable. — A côté des enfants, dont on s'est
trop exclusivement préoccupé, et qui trouvent dans le divorce une
protection plus efficace que dans la séparation, se placent d'autres enfants, pauvres victimes, proscrites avant leur conception, et dont il eût
prévenu la naissance. — Le trouble apporté aux héritages est une objection sans réalité, et, s'il était vrai qu'il fût produit par le divorce,
le même inconvénient existerait pour la séparation. — Le divorce
n'est point une prime d'encouragement offerte au désordre. L'excep-
tion ici a été prise pour la règle et la possibilité pour le fait. L'analyse
des penchants humains prouve d'une part que l'homme est trop inté-
ressé au maintien du mariage pour recourir au divorce sans que l'excès de son infortune lui en fasse une obligation ; de l'autre, que loin
de provoquer les femmes à l'adultère, cette fatale compensation des
affections intimes qui leur ont manqué, le divorce en tarit la source;

qu'il est à la fois un préservatif contre la débauche et un remède contre ses excès. — L'exemple des pays où cette institution est autorisée, les effets qu'il a produits en France pendant le temps de son adoption, ne laissent aucun doute sur sa valeur. Elle délivre la société des malheurs et des crimes inséparables de l'indissolubilité. C'est peu, en effet, que la liberté individuelle soit violée par la perpétuité du lien conjugal ; que des époux désunis passent loin l'un de l'autre une vie pleine de honte et d'amertume ; que leurs enfants soient abandonnés, leurs familles dévorées par la douleur, le public scandalisé ; c'est peu, disons-nous. Supputez, s'il est possible, le nombre des malheureux que l'indissolubilité *a conduits dans les maisons d'aliénés, voués au suicide, poussés à l'assassinat !* RUINE, ADULTÈRE, FOLIE, SUICIDE ET MEURTRE, tels sont les mots funèbres qu'il faudrait écrire en tête du premier feuillet de cette loi sauvage.

Ah ! Messieurs, le divorce, que l'opinion ne repousse point, comme on l'a prétendu, mais qu'elle appelle de tous ses vœux, le divorce est social, humain, religieux et juste. C'est un correctif nécessaire dans une société où, selon le mot de Montaigne, « on se marie sans s'espouser » ; dans un marché surtout où l'erreur est si facile ! Et quand, par impossible, il aurait quelques abus, moins imputables à l'imperfection de la loi qu'à celle de l'humanité, devrait-on, pour cela, le proscrire ? Faudra-t-il interdire l'usage du vin parce qu'un homme s'enivre et meurt ?

Au surplus, puisqu'il se rencontre de loin en loin des exemples d'individus qui sont rentrés dans le mariage après une séparation, pourquoi ne tiendrait-on pas compte de ces circonstances exceptionnelles ? Dans les moments orageux, les réactions sont toujours extrêmes. 92 abolit la séparation pour rétablir le divorce ; 1816 proscrivit le divorce pour rétablir la séparation. Mieux inspirés, les auteurs du

Code civil les maintinrent à la fois tous deux. Aux familles, aux magistrats appartiendrait d'apprécier dans l'application les avantages de l'un et de l'autre. Et tandis que le divorce serait prononcé dans les cas où tout rapprochement paraîtrait invraisemblable et immoral, dans d'autres, où il existerait encore des chances de reconciliation, il ne deviendrait définitif qu'après un temps révolu et au gré des époux.

Ainsi seraient ménagés tous les intérêts, seraient respectées toutes les libertés, seraient rendues au bonheur tant d'existences déplorables !

S'il semble étrange, au premier abord, que des vérités si claires aient été incomprises et dédaignées, un peu de réflexion suffit pour expliquer cette anomalie. La société veut pour législateurs des hommes mûris par l'âge. C'est un bien ; car l'expérience éclaire et guide. C'est un mal ; car on ne peut bien juger des passions qu'on ne ressent plus. D'ailleurs, la plupart des membres de ce grand jury ont été, grâce à la nature de leur position, à l'abri des orages du ménage et des infortunes conjugales. Peut-on s'étonner, d'après cela, qu'ils s'abusent sur les causes qui font recourir au divorce ; qu'ils n'aient entrevu que le tort matériel fait aux enfants, sans se préoccuper des tortures morales qu'entraîne une union forcée ? De vagues intérêts de famille, la conservation d'un nom, telles sont les impuissantes raisons qui les ont déterminés !

Chose remarquable ! ces préjugés à l'influence desquels ils n'ont pu se soustraire, car ils étaient armés de toute l'autorité de la religion, ont été accrédités surtout par des hommes, dont la plupart, rongés par l'intrigue et la débauche, se marient par cupidité et ne craignent pas de tolérer l'adultère dans le lit conjugal. Ignorant les douces étreintes d'un amour partagé, à défaut de vertu, ils veulent en conserver les apparences. Ce sont eux qui font retentir si haut les principes d'une morale et d'une religion qu'ils offensent ; ce sont ces hommes que le divorce a comptés de tout temps pour adversaires et pour ennemis !

Ah ! Messieurs, que l'exemple des forfaits qui ont agité la société ne soit pas perdu pour vous ; que la plainte des infortunés, qui se dessèchent dans les larmes et vous crient : « Rendez-moi le bonheur que le mariage m'avait promis ! » que la voix de la victime, qui murmure du fond des cachots: « Hélas ! j'étais née pour le bien et pour la vertu. Paisible au sein de ma famille, j'y coulais des jours tranquilles. Mes pensées étaient pures, mes désirs légitimes. L'avenir m'apparaissait escorté des ivresses conjugales et des joies maternelles. Et pourqnoi suis-je ainsi déchue? C'est que l'être dont j'attendais ma félicité est devenu le fléau de ma vie, et que la loi m'a condamnée à porter des liens éternels ! » Que ces réclamations du malheur vous touchent et vous émeuvent ! Épargnez-vous le remords et l'insomnie !

Oui, vous abdiquerez d'odieux préjugés. Vous observerez de près un monde dont vous éloignent votre entourage et vos habitudes. Vous rechercherez la vérité dans le silence de la réflexion. O législateurs ! pensez-y. Vous avez à répondre de la vie de ceux à qui vos lois s'adressent. Vos boules représentent pour eux la destinée. Songez que quel que soit le vernis d'immoralité qu'on ait cherché à jeter, des bancs de la pairie même, sur les partisans du divorce, l'honnête homme ne peut composer avec sa conscience dans l'intérêt de sa réputation; songez que si la société porte en elle le sentiment de toutes les mesures utiles, elle a de la gratitude pour ceux qui accélèrent leur accomplissement; que c'est à son instigation qu'on a supprimé les loteries, tripots infâmes où venaient s'engloutir tant de fortunes et se terminer tant d'existences; que si elle a fermé déjà cet abîme, elle veut en fermer un autre bien plus profond et plus terrible! Ne vous laissez plus séduire par cette politique inflexible, qu'arme un zèle aveugle de perfection ; car cette perfection, le progrès des mœurs et non les lois répressives peut la faire naître.

Réfléchissez ! Nos enfants sont-ils moins dociles, parce qu'on ne les châtie plus brutalement dans les colléges ? Nos soldats sont-ils moins braves pour n'être pas soumis au knout des Cosaques ? La discipline s'est-elle relâchée, parce que l'humanité adoucit pour eux, dans la pratique, la rigueur des lois militaires ? Oh ! non, et La Fontaine avait raison de dire : « Plus fait douceur que violence. »

Enfin, regardez autour de vous. A travers tous les déchirements, le siècle a marché. Une ère sociale nouvelle commence. Les idées en s'émancipant, les mœurs en s'épurant, tendent chaque jour à effacer de la législation les dernières traces de barbarie qu'elle a conservées ! Dira-t-on que la prohibition du divorce a seule résisté au naufrage des vieux temps ; que, rapportée par la restauration, elle a survécu à sa ruine ; que le débris est resté debout, quand le principe a disparu ?

FIN.

POUR PARAITRE PROCHAINEMENT :

# TRAITÉ HISTORIQUE

# DU DIVORCE,

PAR

## MM. BÉNÉDICT GALLET ET DE LASIAUVE.

Deux volumes in-8°

Paris. Imprimé par Béthune et Plon.